Thea Schwarz

Die Girls vom Gruselinternat

Mit Bildern von Ina Biber

Ravensburger

Bibliografische Information der Deutschen Nationalbibliothek:

Die Deutsche Nationalbibliothek verzeichnet diese Publikation
in der Deutschen Nationalbibliografie.
Detaillierte bibliografische Daten sind im Internet
über http://dnb.d-nb.de abrufbar.

1 3 5 4 2

© 2015 für die Originalausgabe
Ravensburger Verlag GmbH
© 2020 für die Ausgabe in Einfacher Sprache
Postfach 24 60, 88194 Ravensburg
Text in Einfacher Sprache: Yvette Wagner
Umschlagbild: Ina Biber
Konzept Leserätsel: Dr. Birgitta Reddig-Korn
Design Leserätsel: Sabine Reddig
Printed in Germany
ISBN 978-3-473-46004-5

www.ravensburger.de

Inhalt

Darki, Blondi, Lupinia, Lorely   4-7

Höllenscharf   8

$3 + 1 \neq 4$ 14

Fast entflammt   22

Verfluchte Pfützen   30

Die Katastrophe   36

Wie lange noch?   40

Ganz schön knapp!   44

Keine Angst
vor schwierigen Wörtern!
Sie werden dir auf
S. 56/57 erklärt.

leichter lesen

Darki

Alter: 365 Jahre

Monster-Eltern: Vampire

Ich liebe: Glitzer·steine auf
den Zähnen

Echt ätzend: Verbote und
nervige Mitschülerinnen!

Monster·gaben: Sprint·flug und
Durch-die-Wand-Gleiten

Freundinnen: Lupinia und
meine Zwillings·schwester
Blondi

Blondi

Alter: 365 Jahre

Monster-Eltern: Vampire

Ich liebe: Musik hören

Echt ätzend: Meine hellen
Haare und rosa Augen sieht
man immer im Dunkeln.
Aber ich bin nun mal ein
Vampir-Albino!

Monstergaben: Ich kann mich
in Nebel verwandeln.

Freundinnen: Darki und Lupinia

Lupinia

Alter: 10 Jahre

Monster-Eltern: Werwölfe

Ich liebe: Klamotten

Echt ätzend: Dass Darki immer bestimmen will!

Monstergaben: Verwandlungs·zauber

Freundinnen: Blondi und Darki (naja, zumindest meistens)

Lorely

Alter: 10 Jahre

Monster-Eltern: Mutter Nixe,
Vater See·ungeheuer

Ich liebe: Duschen, auch wenn
ich danach noch ewig tropfe!

Echt ätzend: Super-Zicke Darki

Monstergaben:
Rauch·schnauben und Singen
wie eine Sirene

Freundinnen: Mal sehen …

Höllen·scharf

Im Grusel·internat ist viel los,
denn heute beginnt das neue
Schuljahr. Alle Monstergirls
kommen an und suchen ihre
neuen Zimmer. Sie wohnen
jetzt in einer Villa.
Das Vampir-Mädchen Darki
findet das neue Zimmer toll.
„Das ist ja höllenscharf!",
ruft sie. Es ist ein Zimmer mit
vier Betten.

Hier wird sie mit ihrer
Schwester Blondi und
der Werwölfin Lupinia wohnen.
Ein Bett ist noch frei.
Jedes Zimmer hat besondere
Fenster. Sie schützen Vampire
vor Tages·licht. Deshalb
müssen sie sich nicht mehr
unter einem Umhang mit
Kapuze verstecken.
Darki zieht ihren Umhang aus
und wirft ihn auf das freie Bett.

Lupinia gefällt das nicht. „Hey, ich brauche den Platz auf dem Bett!" Lupinia hat zu viele Klamotten! Die passen gar nicht in den Schrank. Manche liegen schon auf dem Boden. Darki motzt: „Mach dich nicht so breit."

Lupinia knurrt: „Du hast mir gar nichts zu sagen!"

Blondi stöhnt: „Schon wieder gibt es Monster-Zicken·zoff!" Darki ist das egal.

Sie will sehen, wie das neue Grusel·internat sonst so ist.

Sie zieht Blondi hinter sich her.
An der Tür dreht sich Darki
noch einmal um. Sie ruft zu
Lupinia: „Mach doch mal
deinen Verwandlungszauber
und lass deine Klamotten klein
werden. Dann passen sie
in den Schrank!"
Lupinia faucht.

Viele Mädchen suchen noch
ihre neuen Zimmer – auch die
vier Skelett·schwestern und
Muminia, die Mumie. Muminia
schiebt ihre großen Sarkophag-
Koffer durch den Gang.

Darki und Blondi gehen in die Cafeteria. Einige Monstergirls stehen um ein Mädchen mit pink·farbenen Haaren herum. Das muss eine neue Schülerin sein!

Darki zischt böse: „Die scheint ja höllisch interessant zu sein!"

Blondi schaut Darki verwundert an. „Bist du etwa eifersüchtig?"

Dann müssen alle Monstergirls in ihre Klassen·zimmer.

3 + 1 ≠ 4

Die Mädchen aus der Klasse
Horroria 3 freuen sich, sich
wieder zu treffen. Lupinia setzt
sich hinter die Vampir·zwillinge.
Da kommt eine dünne Frau
mit blauen Haaren in den
Klassen·raum. „Hallo",
sagt sie. „Ich bin Frau Skeleton
und leite seit diesem Schul·jahr
das Internat."

Da geht die Tür auf. Die neue Schülerin mit den pinkfarbenen Haaren kommt herein.

Sie sagt: „Entschuldigung,
dass ich zu spät bin. Aber
ich musste erst mal Platz in
meinem Zimmer machen. Auf
meinem Bett lagen Klamotten
und so ein alter Umhang."

Darki zischt: „Alter Umhang?
Bist du blöd? Du hast wohl
keine Ahnung von uns echten
Monstern!"
Das Mädchen antwortet: „Äh,
ich bin auch ein Monster.
Mein Vater ist ein
Seeungeheuer!"
Darki schaut das Mädchen von
oben bis unten an. „Du lügst –
oder hat jemand schon mal ein
rosa Ungeheuer gesehen?"

Frau Skeleton mischt sich ein: „Schluss jetzt. Wir haben Grusel·kunde."

Das Mädchen mit den pinkfarbenen Haaren heißt Lorely. Frau Skeleton will, dass Lorely wie ein Ungeheuer schreit.

Lorely holt tief Luft
und fängt an.
Ihre Stimme bringt
alles zum Wackeln.
Frau Skeleton
ist zufrieden.

Lorely soll sich neben Lupinia setzen, weil sie mit ihr in einem Zimmer ist.

Lorely muss an Darkis Tisch vorbei. Da flüstert Darki ihr zu: „Du kreischst wie eine alte Säge. Etwas anderes können rosa Seeungeheuer wohl nicht!"

Lorely setzt sich auf ihren Stuhl und murmelt: „Warte nur, dir heul ich noch die Ohren voll!"

Lupinia zischt: „Das wirst du nicht tun. Hier heulen nur Werwölfe. Merk dir das. Sonst bekommst du Ärger mit mir!"

Fast entflammt

Der Unterricht ist zu Ende.
Lorely sitzt mit den vier
Skelettschwestern in der
Cafeteria. Sie reden darüber,
dass Darki heimlich Blut
getrunken hat. Und was, wenn
Frau Skeleton das mitkriegt?

Das hört Darki, die gerade mit
Blondi und Lupinia dazukommt.
Darki grinst. „Was dann? ICH
bin ein Monster, ich hab keine
Angst vor Frau Skeleton. Ich
hab vor nichts Angst."
Da fällt Lupinia etwas ein:
„Und was ist mit dem Fried·hof
neben dem Internat?"
Darki sieht Lupinia giftig an.
„Da geh ich auch noch hin!"
Lorely reißt ihre Augen auf.
„Das ist doch verboten. Da
schlummern gefährliche
Zauber."

Darki meint: „Das stört mich nicht. Aber für dich ist das ja nichts! Naja, vielleicht wird aus dir noch mal ein halbes Seeungeheuer."
Dann gehen Darki, Blondi und Lupinia in die Turn·halle.

Lorely ist wütend und schnaubt durch die Nase. Von wegen halbes Seeungeheuer! Sie wird es Darki zeigen! Lorely folgt den anderen in die Turnhalle.

Darki, Blondi
und Lupinia
machen einen
Wettbewerb im
Sprint·flug. Darki ist
die Schnellste, aber Blondi
ist langsam. Darki zischt ihre
Schwester an: „Streng dich an!"
Da kommt Lorely in die
Turnhalle. Sie fragt Darki: „Alle
müssen wohl das tun, was du
willst?" Blondi versucht, Lorely
zu beruhigen: „Lass es, Lorely."
Doch Darki antwortet: „Ich weiß
eben, worauf es ankommt!

Und der
Sprintflug
gehört nun mal zum
Vampir·grusel. Aber
du kannst ja nicht richtig
gruseln, habe ich gehört.
Denn eigentlich schnauben
Seeungeheuer
doch stinkende
Rauch·wolken,
oder?"

27

Lorely bleibt ruhig und sagt: „Keine Sorge, die Rauchwolken krieg ich noch hin! Aber schau mal, was ich schon kann!" Aus ihren Fingern schießen Funken und treffen Darki. Die Funken brennen kleine Löcher in Darkis Oberteil.

Lorely ist schaden·froh: „Oooh, das war wohl etwas zu viel."
Darki ist wütend. „Du bist zu weit gegangen!", sagt sie und geht aus der Turnhalle. Lupinia folgt ihr.
Blondi seufzt. „Ich hab dich gewarnt. Mit Darki legt man sich besser nicht an!"

Verfluchte Pfützen

Später liegt Lorely auf ihrem Bett und liest ein Buch. Da hört sie, wie es auf der Treppe poltert.

Lorely wundert sich. „Was war das?", fragt sie.

Aber Darki, Blondi und
Lupinia tun so, als wäre
Lorely nicht da. Da reißt
jemand die Zimmertür auf.
Es ist das Skelett·mädchen
Sekunda. Ihre Knochen
sind ganz durch·einander.
Sie ruft zu Lorely: „Du machst
überall Seifen·wasser. Es ist
glatt und gefährlich! Ich bin
darauf ausgerutscht. Laufen
Seeungeheuer immer so
aus?"

Ein paar Monstergirls bleiben
stehen.

Lorely versteht das nicht:
„Meine Wasser·spur soll glatt
sein? Ich benutze doch gar
keine Seife!"

Da faucht Muminia: „Überall
läuft man in deine Pfützen!"
Ihre Füße sind ganz nass.
Andere Monstergirls stimmen
Muminia zu.

Da springt Darki vom Bett und
ruft: „Uns reicht es!"
Die anderen Monstergirls
nicken. Darki hält Lorely einen
Eimer und Wisch·mopp hin.
„Wisch deine Pfützen auf!"
Die anderen Mädchen kichern.

Lorely hat keine Wahl. Sie wischt die Pfützen auf. Da entdeckt sie am Mopp ein kleines Glitzersteinchen. Solche klebt Darki sich immer auf ihre Vampir·zähne. Darki hat also die Seife in die Pfütze gemischt, damit man darin ausrutscht!
Lorely ist wütend.
Die Monstergirls schauen sie böse an – nur Blondi nicht.

Lorely wischt alles auf. Danach läuft sie in den Garten. Lorely muss weinen. Sie ist und bleibt nun mal eine halbe Nixe. Sie kann nichts dafür, dass das Wasser an ihr herab·tropft.

Die Katastrophe

Als Lorely zurückgeht,
ist keiner im Zimmer.
Vielleicht sind Darki und die
anderen ja schon auf der
Einweihungs·party des neuen
Gruselinternats?
Lorely will auch auf die Party
gehen. Sie zieht das schwarze
Kleid mit den rosa Blumen an.

Auf einmal wird das Kleid schrecklich heiß. Lorely will es ausziehen, aber das Kleid klebt an ihr. Der Stoff verändert sich.

Die Tür geht auf: Darki und
Lupinia kommen herein. Nur
Blondi bleibt draußen stehen.
Darki lacht Lorely aus und
sagt: „Du siehst hübsch aus."
Lorely sieht sich an. Sie trägt
kein Kleid mehr, sondern
ein rosa·farbenes Kostüm:
Sie sieht aus wie ein rosa
Plüsch·drache! Lupinia hat
das Kleid verzaubert. Darki
zieht ihr Monsterphone hervor
und macht ein Foto von Lorely.
„Das stell ich gleich mal ins
Internet. Dann können es alle

sehen."

Nein, auf die Party will Lorely
jetzt nicht mehr! Sie rennt weg.

Wie lange noch?

Lorely läuft und läuft. Sie
rennt durch den Garten, bis
sie zum Friedhof kommt. Die
gefährlichen Zauber auf dem
Friedhof sind ihr jetzt egal.

Sie rennt über den Friedhof
und kommt zu einer alten
Gruft. Ungeheuer aus Stein
bewachen den Eingang.
Lorely geht in eine Gruft.
Hier kann sie warten, bis
Lupinias Zauber aufhört.
Lorely lehnt sich gegen einen
Sarkophag. Da gibt ein Stein in
ihrem Rücken nach …

Die drei Mädchen gehen nun zur Party. Viele tanzen schon. Blondi macht sich Sorgen. Der Kostüm·verwandlungszauber wirkt nur eine Stunde.

Aber die Stunde ist längst um.
Wo bleibt Lorely nur? Sie muss
nach Lorely suchen!

Ganz schön knapp!

Es ist schon fast dunkel. Im Garten hört Blondi ein leises Fauchen. Es kommt vom Friedhof. Dort muss Lorely sein.

Blondi hat Angst, als sie über den Friedhof geht. Auf einmal stürzt ein Drache auf Blondi zu. Aber er ist nicht rosa. Es ist nicht Lorely.

Blondi will weg. Sie verwandelt sich in Nebel. Jetzt spuckt der Drache Feuer und kommt auf den Nebel zu.

Da ruft jemand: „Seit wann jagst du Nebel? Versuch es lieber mit einem Ungeheuer!"
Lorely steht am Eingang einer Gruft. Nun greift der Drache Lorely an, aber sie weicht ihm aus.

Blondi verwandet sich wieder
zurück. Jetzt schießt der
Drache auf sie zu. Lorely
stößt Blondi zur Seite. So trifft
sein Feuer·strahl Lorely. Aber
Lorelys Haut ist nass und kann
nicht brennen.

Lorely spuckt eine Rauchwolke, damit der Drache nichts sieht.
Dann zerrt sie Blondi in die Gruft.
Lorely sagt: „Halt dir die Ohren zu, schnell!"

Blondi presst sich die Hände
auf die Ohren. Lorely atmet tief
ein.

Sie weiß: Sie muss singen
wie eine Sirene. Mit diesem
Gesang kann sie den Drachen
beruhigen. Lorely schließt die
Augen und singt. Der Drache
wird immer ruhiger, bis er ganz
brav vor der Gruft sitzt.

Blondi fragt: „Wo kommt der Drache überhaupt her?"
Lorely zeigt neben den Eingang. „Da hat der Drache gehockt. Er war aus Stein, als ich in die Gruft gegangen bin. Dann hab ich mich an den Sarkophag gelehnt.

Dabei ist der Stein verrutscht.

Da wurde der Drache lebendig.

Ich habe aus Versehen den

Zauber geweckt."

Die beiden schieben den Stein

zurück, so wie er war.

Sie schauen aus der Gruft.

Jetzt sitzt der Drache wieder

vor dem Eingang. Er wird

wieder zu Stein.

Die beiden laufen zurück. Da
sehen sie eine Taschen·lampe
leuchten.
Zwei Stimmen rufen: „Blondi,
Lorely, wo seid ihr denn?"
Es sind Darki und Lupinia.

Darki ist erleichtert. „Zum
Glück ist euch nichts passiert!"
Blondi ist froh. „Ohne
Lorely wäre es nicht so gut
ausgegangen!"
Darki schaut Lorely erstaunt
an. „Echt wahr? Respekt!"
„Tja", sagt Lorely. „In mir steckt
eben doch ein Ungeheuer!"

Darki wird neugierig. Sie will wissen, was auf dem Friedhof passiert ist.

Aber Blondi meint: „Ich will jetzt erst mal zur Party – und zwar mit Lorely!!"

Darki gibt nach. „Aber morgen müsst ihr mir alles erzählen!"

Blondi flüstert zu Lorely: „Von wegen! Wir müssen doch nicht alles machen, was Darki will!" Sie zwinkert ihr zu. „Und wenn Darki mal wieder streiten will, kannst du ja singen. Was bei Drachen wirkt, müsste doch auch Vampire beruhigen!"

Wörterliste

Albino
Lebewesen mit ganz heller Haut und hellen Haaren

Lorely
sprich: Lorelei

Sirene
Sirenen sind Nixen. Wer ihren Gesang hört, kann sich nicht mehr wehren.

Monstergirls   sprich: Monster·görls
englisch für „Monster-Mädchen"

Villa
sehr großes Haus

Mumie
Leiche, die mit Bändern umwickelt ist

Sarkophag   sprich: Sar·ko·fag
schwerer Sarg aus Stein

Gruselkunde
Schulfach

Monsterphone   sprich: Monster·fon
Handy der Monstergirls

Gruft
Raum unter der Erde, in dem ein Sarg liegt

Leserätsel

Die wichtigsten Fragen zur Geschichte:
Wer · Was · Wo · Wie · Warum

Wer streitet ständig?

☐ Es streiten Darki und Lupina.   **S**

☐ Es streiten Herr Zombola und Frau Skeleton.   **K**

Was mischt Darki in die Pfütze?

☐ Sie mischt Spucke hinein.   **G**

☐ Sie mischt Seife hinein.   **I**

Wo versteckt sich Lorely?

☐ Sie versteckt sich auf dem Friedhof.   **E**

☐ Sie versteckt sich in der Turnhalle.   **I**

Wie besiegen sie den Drachen?

☐ Sie besiegen ihn durch den Sirenengesang von Lorely.   **N**

☐ Sie besiegen ihn mit einer Steinschleuder.   **E**

Warum erscheint der Drache?

☐ Lorely hat einen Stein verrückt.   **E**

☐ Darki hat den Drachen beschworen.   **V**

Lösungswort:

		R			

Durchstarten und leichter lesen!

- ▶ **Kurze Sätze**
- ▶ **Einfache Sprache**
- ▶ **Coole Themen**

ISBN 978-3-473-**36141**-0

ISBN 978-3-473-**49170**-4

ISBN 978-3-473-**36139**-7

ISBN 978-3-473-**49166**-7

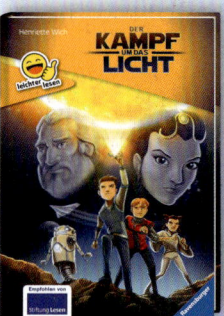

ISBN 978-3-473-**36140**-3

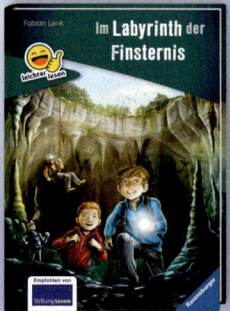

ISBN 978-3-473-**36138**-0

www.ravensburger.de

Ravensburger